LES
ROCHEUSES
CANADIENNES

Lever de soleil au lac Louise, parc national de Banff

Au dos: **Lever de lune sur la rivière Athabasca, parc national de Jasper**

LES ROCHEUSES CANADIENNES

DOUGLAS LEIGHTON

ÉDITIONS
BROQUET INC

C. P. 310, LAPRAIRIE, QC CANADA J5R 3Y3 TÉL.: 514-659-4819

Données de catalogage avant publication (Canada)
Leighton, Douglas, 1953-
Les Rocheuses canadiennes
Traduction de: The Canadian Rockies
ISBN 2-89000-373-6
1. Rocheuses canadiennes (C.-B. et Alb.)-
Ouvrages illustrés. I. Titre.
FC219.L4514 1994   917.11'0022'2   C94-940072-6

titre original : The Canadian Rockies

pour l'édition en langue française :
Copyright ©1994
Éditions Broquet Inc.
Dépôt légal — Bibliothèque nationale du Québec
1er trimestre 1994

ISBN 2-89000-373-6

Imprimé et relié dans l'Ouest canadien par Friesen Printers,
Altona (Manitoba), avec du papier et des encres végétales
fabriqués au Canada.

Altitude GreenTree Program
Pour chaque arbre ayant servi à la publication de ce livre, Altitude
s'engage à en planter deux dans l'Ouest canadien.

Pour leur aide à l'édition, l'éditeur remercie :
Le Ministère des Communications (Ottawa), le Conseil des Arts du Canada,
le Ministère de la Culture (Québec), l'Association pour l'exportation du livre canadien.

ÉDITIONS
BROQUET INC
C. P. 310, LAPRAIRIE, QC CANADA J5R 3Y3 TÉL.: 514-659-4819

Auberge Num-Ti-Jah Lodge, au lac Bow, parc national de Banff

TABLE DES MATIÈRES

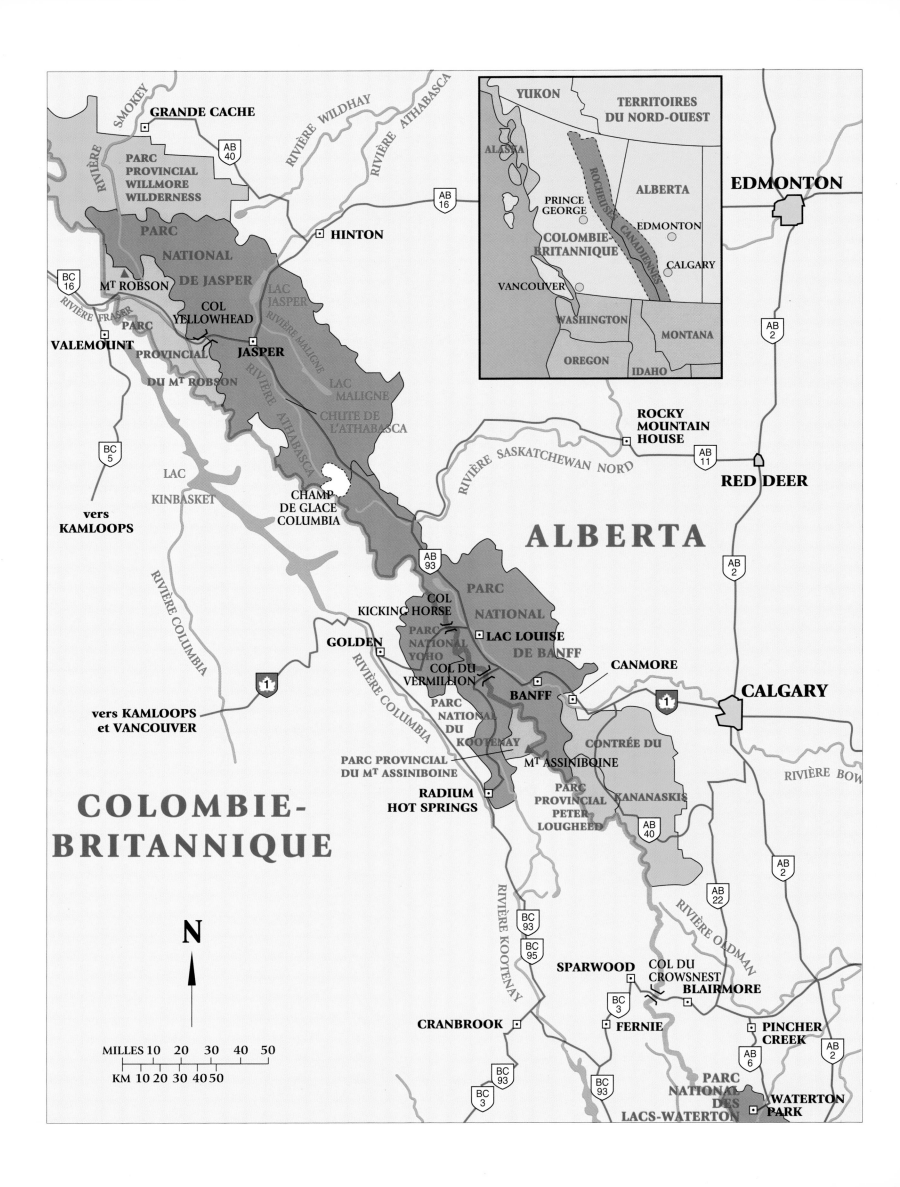

LES ROCHEUSES CANADIENNES

Depuis plus d'un siècle, les Rocheuses canadiennes comptent parmi les paysages montagneux les plus célèbres au monde. En 1889, à bord du train du Canadien Pacifique qui venait d'être inauguré, Douglas Sladen, auteur britannique de récits de voyages, vint voir cette «nouvelle Suisse». Après la traversée interminable des prairies désertiques, il atteignit Calgary, un «bled» poussiéreux d'éleveurs de bétail au pied des premiers contreforts. Roulant toujours vers l'ouest, il vit enfin «... les Montagnes Rocheuses, sur lesquelles vous avez tant lu et qui, dans les rêves de votre tendre enfance, cachaient l'horizon ... vous constatez que la muraille n'est pas qu'un simple mirage, mais que toute la chaîne ... est constituée d'une série de châteaux forts d'une saisissante beauté...».

Sladen fut complètement terrifié par la puissance de cette première impression – une expérience qu'ont depuis partagée des millions de voyageurs. Bien que les prairies aient été cultivées et que Calgary soit devenue une ville d'avant-garde de 750 000 habitants, les montagnes demeurent sauvages et libres. Protégées dans l'un des plus vastes groupes de parcs montagneux au monde, les Rocheuses canadiennes sont une île d'une rare beauté sauvage au sein d'un océan débordant de civilisation – un ultime refuge pour les forêts centenaires, la nature sauvage et l'écosystème des montagnes. Saisies du trésor écologique préservé ici, les Nations unies ont déclaré, en 1984, que les quatre parcs nationaux contigus – Banff, Jasper, Yoho et Kootenay – seraient un site d'une superficie de 20 160 kilomètres^2 faisant partie du patrimoine mondial. Les parcs provinciaux des monts Assiniboine, Robson et Hamber, y furent ajoutés en 1990.

Et paradoxalement, l'un des sites les plus populaires de cette réserve naturelle est un «château», l'hôtel Banff Springs, où toute une gamme de services est mise à la disposition des touristes. Les premiers parcs nationaux, nés avec le rail, furent créés pour attirer et desservir les voyageurs. Ce n'est que beaucoup plus tard que l'on vit en eux des temples de la nature.

L'histoire a légué aux Rocheuses d'aujourd'hui le meilleur des deux mondes. En cet endroit, vous pouvez y admirer un coucher de soleil sur les sommets enneigés depuis une salle à manger luxuriante, jouer au golf près d'un wapiti en train de brouter, atteindre un belvédère à bord d'un téléphérique ou d'un télésiège, se rendre par bateau jusqu'à un lac glaciaire, ou sur un glacier à bord d'une chenillette, faire des randonnées pédestres et découvrir des coins pittoresques. Ou, laisser la civilisation loin derrière soi en empruntant un sentier qui mène à la véritable nature sauvage.

Les Amérindiens Stoney qui vivent au pied des Rocheuses, ont toujours vénéré ces «montagnes majestueuses» comme un lieu sacré. À la poursuite de visions, les jeunes hommes s'isolaient sur les hauts sommets. Là, pendant des jours et des nuits, ils jeûnaient et attendaient la sagesse au sein de cet océan de pics enneigés, étincelants au soleil couchant. Envahis par les esprits de ces géants, ils devenaient peu à peu partie intégrante de cette immensité grandiose.

De nos jours, de nombreux visiteurs sont aussi à la recherche d'inspiration. Ces montagnes régénèrent leurs âmes lasses. Ils peuvent encore y ressentir la paix environnante, écouter le silence, suivre les nuages, et observer les Mouflons d'Amérique errant dans les vallées sauvages. Protégées par la confiance que nous vouons aux parcs nationaux qui les régissent, ces expériences primitives pourront survivre et inspirer l'avenir.

DOUGLAS LEIGHTON
1er janvier 1993

Au verso : **Col du Numa, parc national de Kootenay**

PARC NATIONAL DE BANFF

«Si nous ne pouvons exporter le paysage, nous importerons les touristes.»

William C. Van Horne

Mont Pilot

La route panoramique de la vallée Bow constitue toujours une magnifique randonnée, mais à la fin de septembre, le spectacle est fabuleux. Les jaunes des trembles mêlés aux cramoisis des cornouillers colorent la vallée; les mélèzes subalpins éclaboussent d'or les versants du mont Pilot haut de 2 954 mètres.

À gauche: **Le mont Rundle, vu des lacs Vermilion**

Situé juste à l'ouest de Banff, ce panorama est l'un des plus réputés des Rocheuses canadiennes. Nommé en mémoire du révérend Robert Rundle, un missionnaire méthodiste qui rencontra à cet endroit les Amérindiens Stoney en 1847, ce pic escarpé de 2 949 mètres surplombe un massif incliné composé de calcaire stratifié et de schiste argileux, long de 15 kilomètres. Un sentier de randonnée pédestre conduit au sommet de ce versant-ci, alors que l'autre côté abrite des falaises abruptes.

L'histoire des deux Banff

Un des deux Banff est un parc national sauvage de 6 641 kilomètres^2; le second est un oasis urbain intégré au parc sauvage – une ville florissante et cosmopolite de 7 000 habitants qui reçoit des millions de visiteurs chaque année. Bien entendu, les besoins divergents de préservation et de loisirs créent des conflits et des situations particulières dans ce précurseur des parcs nationaux du Canada.

Le caractère singulier de Banff résulte de ses changements d'orientation. De nos jours, les parcs nationaux sont de plus en plus assimilés à des zones protégées, consacrées à la préservation de la nature. Or, quand la réserve de 26 kilomètres^2 fut créée en 1885, tout l'Ouest n'était qu'une région sauvage. Ce parc devait être construit et aménagé pour en faire un «parc national reconnu». La voie ferrée du Canadien Pacifique venait d'être terminée, et son directeur visionnaire, William C. Van Horne, entrevoyait le potentiel touristique qu'offrait cette contrée spectaculaire. «Si nous ne pouvons exporter le paysage, nous importerons les touristes», avait-il proclamé. Quand, en 1883, il apprit la découverte de sources chaudes jaillissant du mont Sulphur, tout près de la ligne de chemin de fer, il sut que cet endroit pourrait devenir un lieu de vacances qui rivaliserait avec les stations thermales des Alpes. Le gouvernement du Canada acquiesça et, en 1887, une loi décrétait parc des Montagnes-Rocheuses le territoire de 676 kilomètres^2 qui entourait les sources.

En 1888, le premier hôtel Banff Springs de la société de chemins de fer, relié par canalisations aux sources d'eau chaude, accueillit 1 503 visiteurs au cours de sa première saison estivale. De la gare à l'hôtel, les visiteurs traversaient le centre urbain (baptisé Banff-shire, du nom de la ville natale de George Stephen, le président du CPR), déjà loti et en plein développement pour les recevoir. Ils se rendaient à cheval ou en voiture à la grotte Cave and Basin, aux Upper Hot Springs pour faire trempette, ou au lac Minnewanka pour y admirer le paysage; ils partaient en excursion pédestre ou équestre, escaladaient la montagne, ou pêchaient au bord de la rivière. En trois ans, le nombre de visiteurs, venant surtout des États-Unis et de la Grande-Bretagne, avait doublé. Grâce à la campagne internationale de publicité de la société de chemins de fer avec comme slogan «Cinquante Suisse en Une», le tourisme prit de l'ampleur dans les «Rocheuses du Canadien Pacifique».

Dans les années 20, un nouveau château Banff Springs fut construit, avec des salons de thé dans la montagne et des chalets ici et là. Des meutes de pionniers à la recherche de neige poudreuse admiraient déjà les pentes de ski Sunshine qui, une décennie plus tard, feraient du parc un centre touristique fréquenté à l'année longue. Préoccupés de cette frénésie de développement, les autorités canadiennes se ravisèrent et, en 1930, attribuèrent une nouvelle mission aux parcs nationaux : laisser les parcs intacts pour que les générations futures puissent en profiter. En 1978, ce mandat axé sur la préservation fut renforcé par une nouvelle politique selon laquelle le but fondamental des parcs était la protection de leur intégrité écologique et historique.

Actuellement, les dirigeants des parcs s'occupent activement à maintenir un équilibre entre les deux personnalités de Banff. Le centre urbain et les développements périphériques sont confinés dans des limites bien établies, et même s'il en résulte des périodes d'affluence pendant la saison estivale, ce prix à payer est minime si on le compare aux immenses espaces laissés à l'état sauvage ailleurs dans le parc. Vous devrez peut-être sortir des sentiers battus pour trouver la vraie nature sauvage de Banff, mais les paysages grandioses sont partout présents. L'avenue Banff, par exemple, est sans doute l'un des plus beaux centres commerciaux au monde. Et pendant que les touristes font du lèche-vitrines, des wapitis, des mouflons d'Amérique, des chèvres-de-montagnes, des cerfs de Virginie, des orignaux, des caribous, des ours noirs et des ours bruns errent librement dans le parc. En fait, vous remarquerez peut-être que de nombreux wapitis de Banff sont des citadins qui évitent gaiement les loups en broutant en toute quiétude les plus beaux gazons et arbustes ornementaux que la civilisation peut leur offrir.

Hôtel Banff Springs

À la tombée du jour, alors que la lune éclaire la vallée du Bow, l'hôtel Banff Springs semble aussi éternel que la rivière Bow qui coule à ses pieds.

Chute du Bow à Banff

La rivière Bow cascade au pied de l'hôtel. Les autobus qui font la navette emprunte cette route pour se rendre au terrain de golf de l'hôtel Banff Springs. En 1953, Marilyn Monroe (ou du moins sa doublure) passa au-dessus de cette chute lors du tournage du film *Rivière sans retour*.

À gauche: **Ville de Banff**

Banff fut fondée et construite pour devenir un centre de villégiature de montagne, décision historique clairement révélée par un alignement des plus classiques dans un décor enchanteur. Depuis les jardins Cascade Gardens, l'avenue Banff s'étire presque parfaitement vers les 2 998 mètres du mont Cascade. Banff compte actuellement sept mille résidants.

Les ruines de Bankhead

Envahies peu à peu par la forêt, ces ruines de béton faisaient autrefois partie de Bankhead, une ville animée où habitaient les mineurs chargés d'extraire le charbon au pied du mont Cascade, entre 1904 et 1923. Aujourd'hui, un sentier d'interprétation invite les visiteurs à explorer cette ville fantôme.

À gauche: **Banff et la vallée du Bow**

Existe-t-il un plus beau décor pour une ville de montagne? Banff, sise sur les rives de la rivière Bow, voit à sa gauche s'élever les 2 998 mètres du mont Cascade et à sa droite les 1 692 mètres du mont Tunnel dont la base vient s'étaler jusqu'en son centre. Très loin à l'horizon, au-delà de la vallée Cascade et du lac Minnewanka, émerge, à 3 164 mètres d'altitude, le sommet drapé de neige du mont Aylmer.

Lever de soleil hivernal sur le deuxième lac Vermilion

Les levers de soleil sur les prairies, qui éclairent le mont Rundle en contre-jour, teintent parfois le ciel de couleurs exceptionnelles. Les hommes de l'âge de pierre hivernaient ici il y a plus de 10 000 ans, attirés par le gibier et par les sources thermales qui empêchent la formation de glace sur cet ancien étang de castors.

À droite: **Troisième lac Vermilion**

Quand les dernières lueurs du jour embrasent les sommets du mont Rundle, le marais s'anime. Les castors quittent leur abri, les wapitis paissent dans les prés, les coyotes et les hiboux partent chasser. Au début de l'été, le ramage des oiseaux, l'appel mystérieux des plongeons et le chant étrange des bécassines remplissent l'air du soir. Les lacs Vermilion sont beaucoup plus qu'un autre beau site à découvrir, ils constituent un véritable oasis faunique.

Lever de lune sur le mont Girouard

Au début de l'hiver, le lever de la pleine lune coïncide avec la lumière crépusculaire réflétée sur les pics. Ici, le mont Girouard culmine à plus de 2 995 mètres dans le chaînon Fairholme, à l'est de Banff.

À gauche: **Lac Minnewanka**

Le plus grand lac du parc national de Banff fut agrandi avec la construction, à son extrémité ouest, d'un barrage pour fournir l'électricité à la ville de Banff. Bateaux-mouches et bateaux de pêche trouvent ici un port abrité, quand ce grand lac honore son nom orageux qui signifie «lac de l'esprit de l'eau». Le mont Inglismaldie domine de ses 2 964 mètres la rive lointaine.

Au verso: **Hôtel Banff Springs dans la vallée du Bow**

Le Canadien Pacifique a bâti le château de Banff en ce lieu, pour sa vue imprenable sur la rivière Bow qui serpente entre les monts Tunnel (à gauche) et Rundle jusqu'au chaînon Fairholme aux cimes enneigées. Le terrain de golf de 27 trous de l'hôtel longe la rivière. Le mont Tunnel tire son nom d'un tunnel qui n'a jamais été construit; la voie de chemin de fer passe derrière la montagne.

Le train de passagers des Rocheuses au pied du mont Rundle

Le parc national de Banff fut créé en 1885 pour attirer les passagers du train vers les montagnes. Aujourd'hui encore, beaucoup de visiteurs arrivent par ce moyen de transport. Parmi les premiers voyageurs du Canadien Pacifique, Susan A. MacDonald, l'audacieuse épouse du premier ministre du Canada, avait choisi de voyager assise sur une banquette installée sur le devant de la locomotive.

———————————

À droite: **Mouflon d'Amérique**

Les mouflons d'Amérique (bighorn sheep, en anglais) sont des animaux routiniers qui, d'une génération à l'autre, empruntent les mêmes routes de transhumance. Un jour de printemps, bien campé sur une pente du pré «Green Spot» sur le mont Norquay, ce mâle jette un regard sur Banff, probablement un dernier avant de migrer vers l'alpage où il passera l'été. Certains mouflons, surtout des brebis et des agneaux, restent toute l'année dans les pâturages plus bas autour de Banff.

Mouflon d'Amérique mâle

De grosses cornes symbolisent le mouflon d'Amérique mâle, d'ailleurs appelé en anglais «bighorn». Ce roi de la montagne arbore des cornes dignes d'une Rolls Royce. À la fin de l'automne, la harde de béliers célibataires descend vers les aires traditionnelles d'accouplement pour disputer leurs droits de reproduction. La forme des cornes établit une première hiérarchie et les duels tête contre tête règlent les différends entre rivaux aux cornes de même grosseur.

À droite: **Wapiti mâle**

Parmi les gros mammifères des Rocheuses, le wapiti (elk en anglais) en est le plus abondant. En septembre, à la saison du rut, les vallées répètent d'écho en écho les bramements des mâles rivaux. Ils courent jusqu'à épuisement dans ce rituel frénétique d'accouplement. J'ai trouvé ce wapiti un matin de novembre en train de brouter de l'herbe encore verte pour récupérer ses forces et pouvoir affronter les loups au cours de l'hiver.

Rivière Bow et chaînon des Sawback

Dans l'air hivernal vif et piquant, les pics en dents de scie du chaînon Sawback brillent sous la lumière du soleil couchant, au-dessus de la vallée de la rivière Bow. Les sources d'eau chaude gardent la rivière partiellement ouverte à l'année.

À gauche: **Cypripède acaule ou Sabot de Vénus**

Cette magnifique fleur des forêts humides et des tourbières attire invariablement randonneurs et abeilles, qui se laissent séduire par sa couleur et son parfum. Alors que le randonneur ne s'arrête que pour la sentir, l'abeille, elle, y pénètre pour la butiner et, prisonnière du labelle, elle ne peut en ressortir que par le sommet où elle s'enduit de pollen qu'elle ira déposer sur une autre fleur. Malheureusement, ces orchidées d'une délicate beauté sont de plus en plus rares car elles sont inconsciemment cueillies, même dans les parcs.

Canyon Johnston

Le ruisseau Johnston a érodé plus de 30 mètres le tuf calcaire et creusé le canyon Johnston, situé au nord de Banff, sur l'autoroute 1A. Ces escarpements humides et moussus offrent des niches aux martinets noirs — l'une de leurs trois aires de nidification connues en Alberta — ainsi qu'à des moucherolles et aux cincles d'Amérique.

À droite: **Basse chute du canyon Johnston**

Une vingtaine de minutes d'ascension facile sur un sentier soigneusement aménagé mène les visiteurs à cette chute de 15 mètres, moins spectaculaire que la deuxième, située plus haut dans ce canyon profondément taillé et sculpté. L'ombre et la fraîche bruine qui s'en dégage en fait un agréable refuge pendant les chaudes journées d'été.

Automne dans un muskeg, à Muleshoe

En été, les muskegs (tourbières herbeuses) vibrent de moustiques. Ces terres détrempées le long de la rivière Bow sont peu attrayantes, sauf pour les ornithologues amateurs qui viennent y observer une multitude d'oiseaux insectivores. Mais avec les gelées automnales meurtrières, les insectes tombent au sol, et les fourrés prennent des couleurs dignes d'un Van Gogh.

À droite: **Mont Castle**

Avec ses 2 766 mètres, ce pic des Rocheuses canadiennes est probablement celui qui porte le mieux son nom. En 1858, James Hector de l'Expédition Palliser, le baptisa dès qu'il le vit, solitaire, tel un gardien au haut de la vallée du Bow. Les géologues le considèrent comme un immense gâteau de quartzite couvert d'une couche de calcaire, finement crénelée des deux côtés par les glaciers de 1'ère glaciaire.

Ruisseau Moraine, au pied du mont Temple

À 3 543 mètres d'altitude, le plus haut sommet du chaînon Bow ressemble à un temple, mais on lui donna le nom d'un économiste britannique. Le ruisseau, qui prend sa source au lac Moraine, coule dans la vallée des Dix Pics.

À gauche: **Pic Eisenhower, mont Castle**

En 1946, le mont Castle est devenu le mont Eisenhower, en l'honneur du commandant en chef des Forces alliées en Europe pendant la Seconde guerre mondiale (devenu plus tard, le 34e président des États-Unis). Mais le mont n'en demeurait pas moins un château. En 1979, son nom original lui fut restitué, et la tour de l'est devint le pic Eisenhower.

LAC LOUISE

«Une peinture ou une photographie ne sera toujours qu'une faible image de ce décor idyllique.»

Canoës sur le lac Louise

Dans l'air pur de la montagne, il semble difficile de croire que le mont Victoria, haut de 3 464 mètres, se trouve en fait à 9 kilomètres du lac Louise — jusqu'au moment où vous entendez le grondement d'une avalanche *après* l'avoir vue se détacher du glacier Victoria.

À gauche: **Au Lac Louise**

Auparavant, cette petite baie abritée servait de piscine extérieure. Aujourd'hui, les visiteurs s'y prélassent au soleil et au grand air, regardant les canoéistes qui évoluent sur le lac, les promeneurs, les randonneurs et les alpinistes qui vont et viennent sur le sentier qui longe la rive.

Joyau des montagnes

Dans les Rocheuses canadiennes deux lacs sont un «must» pour les touristes, horaire chargé ou non : les lacs Louise et Moraine. Ne pas y aller équivaudrait à visiter le Grand Canyon sans plonger le regard dans sa gorge profonde. Heureusement, ces deux lacs de renommée internationale sont accessibles en voiture, et 16 kilomètres seulement les séparent. Malheureusement, si vous *êtes* pressés, vous serez finalement en retard, car ce paysage est de ceux que l'on savoure, et ses sentiers à explorer sont si accueillants que personne ne peut leur résister.

Parmi les nombreux surnoms donnés au lac Louise, aucun ne lui convient mieux que «la Mona Lisa des montagnes». Ce parfait agencement de glace, de rochers, de forêts, d'eau et de nuages est un chef-d'œuvre naturel envoûtant. Une peinture ou une photographie ne sera toujours qu'une faible image de ce décor idyllique. Aux premiers jours de sa célébrité, le Canadien Pacifique fut même accusé de teindre le lac et d'ériger de faux glaciers tant la beauté du panorama semblait irréelle. Mais le lac Louise est réel et cette Mona Lisa est bien vivante, dynamique et toujours changeante selon les saisons, la température et l'heure.

Ce célèbre lac a attiré des dizaines de millions d'admirateurs au cours des ans; ses rives, au pied du Château Lac Louise, sont très fréquentées les après-midi d'été. Un lever de soleil sur le lac Louise est une vraie splendeur; seuls les chants d'oiseaux printaniers résonnant dans cet amphithéâtre viennent en troubler la quiétude, et sa surface est presque toujours d'un pur cristal. Chaque matin, l'aube crée un nouveau mélange de couleurs et d'ambiance.

Les hôtes du Château Lac Louise admirent ce paysage magique depuis 1890, quand le Canadien Pacifique a bâti son premier hôtel, alors en rondins.

Pendant que les uns contemplent paresseusement l'arrière-plan estompé du lac, d'autres l'escaladent. Le 3 août 1896, alors qu'il tentait de vaincre les 3 423 mètres du mont Lefroy, situé à gauche du glacier Victoria, Philip Abbot, un illustre alpiniste américain, fut la première victime des Rocheuses canadiennes. Son décès provoqua un débat international sur ce jeune sport et donna naissance à une nouvelle ère d'alpinisme dans les Rocheuses. Puisque ces sommets représentaient incontestablement un défi irrésistible, les dirigeants de la société de chemins de fer firent venir des guides professionnels suisses pour mener les alpinistes vers eux en toute sécurité.

Le lac Louise est situé dans une vallée suspendue au-dessus de la rivière Bow, une parmi les nombreuses vallées creusées dans le chaînon Bow par les immenses glaciers qui se détachaient de la ligne de partage des eaux, aux ères glaciaires. Au sud, le magnifique lac Moraine est enchâssé comme un joyau dans la vallée des Dix Pics, découverte et ainsi nommée en 1893 par Samuel Allen, un jeune étudiant de l'université Yale, alors qu'il cherchait un passage menant au sommet des 3 543 mètres du mont Temple. Le lac Moraine doit son nom à l'énorme amas de rochers couverts de lichens qui retient ses eaux. Cet amoncellement ressemble à une moraine, c'est-à-dire une accumulation de débris rocheux poussés ici par un glacier en mouvement. Cependant, de l'avis des géologues il s'agirait plutôt d'éboulements qui se seraient produits sur les flancs du mont Tour de Babel (3 101 mètres de hauteur). Quelle qu'en soit l'origine, il offre un superbe belvédère et un environnement fréquenté par des spermophiles à mante dorée, des tamias et des picas, qui amusent tous les visiteurs.

Reflets dans le lac Moraine

Ce joyau bleu turquoise, enserré par la crête déchiquetée de la ligne de partage des eaux, fait partie du paysage montagneux le plus connu au Canada tel qu'il apparaît au verso du billet de vingt dollars canadien. Ces montagnes se nomment les monts Wenkchemna, ou parfois les Dix Pics.

Lac Moraine

Au pied de la nouvelle auberge, Moraine Lake Lodge, des canoës attendent les pagayeurs. D'autres visiteurs préfèrent se promener sur le sentier boisé qui borde les rives ou explorent la vallée Larch. Les alpinistes chevronnés escaladent les monts Wenkchemna qui dominent le lac. La majorité des touristes se contentent tout simplement de s'asseoir et admirer.

Ruisseau Moraine, affluent du lac Moraine

Chaque année, l'eau et la glace érodent un peu plus les monts Wenkchemna. Presque tout le limon glaciaire se dépose dans le lac Moraine, laissant ce ruisseau limpide comme le cristal et riche d'insectes aquatiques. L'arlequin plongeur fait son nid en aval et le cincle d'Amérique, gris et dodu, fourrage dans le torrent.

Mélèzes subalpins sur le chaînon Panorama

Cette chaîne de montagnes, au-dessus de la vallée Consolation, porte bien son nom. Au nord, elle offre une vue sur la vallée des Dix Pics jusqu'aux 3 542 mètres du mont Temple (à droite), et du mont Pinnacle qui domine de ses 3 067 mètres la vallée Larch et le lac Moraine (caché derrière le chaînon Tour de Babel). Vers la fin septembre, de nombreux excursionnistes viennent admirer les mélèzes magnifiquement colorés.

À gauche: **Canoë sur le lac Moraine**

Il faut presque toucher cette eau pour s'assurer qu'elle est réelle. Les particules miroitante du limon glaciaire en suspension donnent à nos lacs de montagne cette rutilance presque surnaturelle.

Vallée des Dix Pics

Voici la première vue panoramique offerte par la route qui mène au lac Moraine. Se dérobant aux yeux du promeneur, le lac Moraine s'étend de la tête de la vallée jusqu'au pied des monts Wenkchemna («dix» en langue amérindienne Stoney). À l'opposé, nappés de glaciers, les monts Bident (3 084 mètres) et Babel (3 104 mètres), culminent au-dessus de la vallée des lacs Consolation.

À gauche: **Lac Moraine**

Walter Wilcox, le premier Européen à avoir exploré ce lac, lui a donné le nom Moraine, présumant qu'à l'instar de plusieurs autres lacs des Rocheuses, une moraine déposée par le glacier Wenkchemna avait endigué ses eaux. Les géologues croient que cet amas de roches s'est formé lors d'éboulements survenus sur des escarpements situés plus au sud.

Château Lac Louise la nuit

Du chalet en rondins bâti en 1890 au magnifique hôtel des folles années vingt, le Château Lac Louise a célébré son centenaire avec d'importantes rénovations et l'ajout d'une troisième aile construite selon les plans originaux. Le chaînon Slate se dresse de l'autre côté de la vallée de la rivière Bow.

Casse-noix d'Amérique

Avec son bec acéré, cet oiseau plutôt désinvolte et au cri rauque, extrait les graines des cônes de pin albicaule et les cache dans des cavités rocheuses en prévision de l'hiver. Malgré sa mémoire extraordinaire, il lui arrive d'oublier quelques graines qui réussissent à germer et à donner naissance à des arbres qui s'agrippent obstinément aux falaises dénudées. Ce passereau (appelé en anglais Clark's nutcracker) est souvent confondu avec le mésangeai du Canada (gray jay, en anglais), dont le bec est plus petit et le comportement plutôt discret.

Spermophiles à mante dorée

Ces spermophiles (golden-mantled ground squirrel, en anglais) ressemblent mais en plus gros aux tamias (chipmunk, en anglais), et sans arborer leurs rayures blanches caractéristiques sur les joues. Ils vivent dans les zones rocailleuses, depuis le fond de la vallée jusqu'aux hauts sommets. Des colonies particulièrement bien apprivoisées ont élu domicile à l'extrémité ouest du lac Louise et au lac Moraine.

À droite: **Lac Louise**

Par un jour nuageux de juin 1882, Tom Wilson, un employé de la ligne de chemin de fer, a découvert cet incroyable paysage. Il fut attiré par le grondement d'une avalanche venant du glacier Victoria et, guidé par des Amérindiens Stoney, il parvint à ce qu'ils appelaient «le lac de petits poissons».

Fenêtre panoramique du château

Le Château Lac Louise offre des chambres avec une vue remarquable sur le lac.

À droite: **Maison de thé au lac Agnes**

Au bout d'un sentier abrupt de 3,4 kilomètres qui grimpe au-dessus du Château Lac Louise, cette maison de thé historique accueille, avec les meilleures pâtisseries des Rocheuses, les randonneurs qui parviennent à ce «lac dans les nuages». Le mont Niblock se dresse derrière le petit lac et la vallée suspendue.

Kayaks sur le lac Herbert

Les amateurs de sports de plein air trouvent dans ces montagnes un lieu de récréation. Ici, des kayakistes exercent leur adresse sur les eaux calmes du lac Herbert, avant de descendre l'eau vive de la rivière Bow alimentée par un glacier. De l'autre côté de la vallée du Bow se dresse le groupe de pics qui abritent le lac Louise.

À gauche: **Les jardins du Château Lac Louise**

Le Château Lac Louise jouit d'un des plus splendides panoramas montagneux du monde. Ses propriétaires se sont toujours fait un point d'honneur de créer une avant-scène florale luxuriante pour en rehausser la beauté. Depuis le début du siècle, les couleurs éclatantes des pavots d'Islande et d'Orient resplendissent dans ce tableau immuable.

PROMENADE DES CHAMPS DE GLACE

«Voici, sans aucun doute, la route la plus spectaculaire du continent.»

Vue sur le lac Peyto

Un belvédère domine de 250 mètres le lac Peyto dont l'extraordinaire couleur bleue change de nuance au cours de l'été, à mesure que se déposent les alluvions de débris glaciaires venant du glacier Peyto. La forme caractéristique en U de la vallée Mistaya est manifeste au nord du lac.

À gauche: **Champ de glace Columbia**

Le champ de glace Columbia s'étale sur la ligne de partage des eaux et chevauche les parcs nationaux de Banff et de Jasper. Une langue du glacier Athabasca, s'avance entre le mont Andromeda (3 450 mètres) et le Snow Dome (3 520 mètres). Il y a un siècle, la pointe du glacier s'arrêtait là où passe aujourd'hui la route.

La route des merveilles

La Promenade des Champs de glace entre le lac Louise et Jasper est la plus longue voie carrossable des parcs nationaux, et de loin la plus spectaculaire du continent. Cette route de 230 kilomètres sur la ligne de partage des eaux traverse un fascinant cortège de sommets coiffés de neiges éternelles, le champ de glace Columbia, des rivières tumultueuses, des chutes spectaculaires, des lacs à faire rêver, des prés subalpins et de denses forêts centenaires cachant une faune et une flore à l'état sauvage. Terminée en 1940, cette Promenade a été tracée pour mettre en valeur toutes ces merveilles. Tout au long de son parcours, des terrains de camping et des auberges peuvent accueillir les touristes. Certains la parcourent à bicyclette, d'autres, à pied. Elle est d'ailleurs le seul accès à cette vaste région sauvage, le premier jalon de l'aventure vers l'arrière-pays.

Le champ de glace Columbia constitue le lieu privilégié de cette route. Serpentant sur la crête qui correspond à la ligne de partage des eaux, c'est-à-dire l'épine dorsale de l'Amérique du Nord, cette immense calotte glaciaire de 325 kilomètres^2 chevauche les parcs de Banff et de Jasper et alimente des rivières qui se jettent dans les océans Atlantique, Pacifique et Arctique. Le 18 août 1898, au terme d'une randonnée de dix-neuf jours sur les sentiers muletiers du lac Louise, deux alpinistes américains découvrirent cette accumulation de glace, depuis le sommet du mont Athabasca, à 3 491 mètres d'altitude.

Seuls les excursionnistes et les alpinistes peuvent contempler de près cet océan de glace. Toutefois, juste au nord du col Sunwapta (2 035 mètres), dans le parc national de Jasper, des belvédères aménagés le long de la route permettent d'admirer certaines de ses marges spectaculaires. Le glacier Athabasca, l'une des huit langues de ce champ de glace, pénètre dans la vallée. Le nez bleu du glacier est facilement accessible à pied. Les touristes peuvent s'y rendre à bord de véhicules à chenillettes ou profiter d'une excursion guidée pour y grimper et voir de près ce qu'était l'âge glaciaire.

Au-dessus de l'auberge Icefields Chalet et menant au col du mont Wilcox, un sentier offre d'autres vues panoramiques du champ de glace et des pics géants qui l'environnent, et une occasion d'observer le mouflon d'Amérique mâle et l'aigle royal. Du haut de la crête Parker, installé sur un ancien récif de corail le promeneur peut s'attarder à regarder le glacier Saskatchewan, et essayer d'imaginer les forces naturelles qui ont soulevé ce fond de mer rocheux jusqu'aux nuages.

Depuis le lac Louise, la Promenade grimpe au-dessus de la rivière Bow jusqu'à sa source, le lac Bow qui est alimenté par les glaciers Crowfoot et Bow, à 2 069 mètres en contrebas du col du Bow. Avec le chalet historique Num-Ti-Jah au toit rouge, niché dans la forêt riveraine, nous avons là un paysage classique des Rocheuses canadiennes. Les photographes animaliers ont parfois la chance de croquer un ours brun (grizzli) dans un pré longeant la route ou sur un sommet, et surtout, le site à couper le souffle du «trop-bleu-pour-être-vrai» lac Peyto.

À droite: **Cyclistes au bord du lac Bow**

La Promenade des Champs de glace a acquis une renommée internationale de circuit cycliste, avec seulement deux cols importants à gravir et un paysage à vous stimuler les mollets à chaque virage. Ici, des cyclistes passent devant la source de la rivière Bow et le glacier Bow au loin.

Reflets sur le lac Bow

La pêche à la truite est très populaire à l'extrémité sud du lac Bow, l'un des grands lacs le long de la Promenade des Champs de glace. La zone marécageuse du dégorgeoir est un bon endroit pour voir des orignaux.

À droite: **Coucher de soleil sur le lac Peyto**

Des 2 069 mètres du sommet Bow, cette vue panoramique sur le lac glaciaire et, plus loin au nord, la vallée Mistaya, s'avère un des plus populaires arrêts en bordure de la route. Le lac a été nommé en souvenir de Bill Peyto, un guide original qui, il y a près d'un siècle, campait seul sur ses rives et trouvait le site déjà trop fréquenté.

Épilobes, le long de la rivière Saskatchewan du Nord

Cette éclatante fleur rose (appelée fireweed en anglais) envahit les sites perturbés et déboisés par un incendie, ou les plaines d'inondation des jeunes rivières glaciaires. Une espèce plus petite, à corolle plus large, croît sur les pentes couvertes d'éboulis à des altitudes plus élevées.

À gauche: **Extrémité inférieure du champ de glace Saskatchewan**

Ce glacier miroitant, l'un des huit tentacules descendant du champ de glace Columbia, donne naissance à la rivière Saskatchewan du Nord.

Autobus des neiges sur le champ de glace Columbia

Chaque année, pour admirer de près ce paysage de l'ère glaciaire, des milliers de visiteurs profitent d'un aller retour de cinq kilomètres, à bord d'un autobus des neiges sur le glacier Athabasca, dont l'épaisseur atteint quelque 300 mètres.

À gauche: **Auberge Icefields Chalet et glacier Dome**

Le glacier Dome s'étend aux limites du champ de glace Columbia. La pente abrupte des toits de l'auberge témoigne des violentes tempêtes de neige qui s'abattent parfois dans cette vallée située à l'écart des sommets ouest coiffés de glace. Pourtant, plus haut sur les versants orientés vers l'est, les mêmes vents chassent la neige d'une importante aire d'hivernage de mouflons d'Amérique.

Une mère orignal et son petit

L'orignal (moose, en anglais) est le plus gros mammifère des Rocheuses. Une mère qui protège son petit est un adversaire redoutable pour l'éventuel prédateur et pour le photographe qui s'approche de trop près. Ses longues pattes lui permettent de se déplacer en hiver dans la neige profonde et en été, dans les marécages où poussent ses plantes aquatiques préférées.

Chute Tangle

Mary Schäffer baptisa ce ruisseau Tangle Creek («ruisseau du fouillis») en 1907, lorsque, en revenant du col Wilcox vers la vallée, son groupe rencontra des embûches presque insurmontables pour se frayer un chemin. Un sentier bien entretenu longe maintenant sa route.

PARC NATIONAL DE JASPER

«Le calme de Jasper émane des grands espaces de son environnement.»

Lac Cavell

Dans un des décors les plus sereins et magnifiques des Rocheuses, les 3 363 mètres du mont Edith Cavell se reflètent dans les eaux calmes de ce lac, alimenté par la fonte de son champ de glace. Ce duo commémorera éternellement cette infirmière héroïque de la Première Guerre mondiale.

À gauche: **Face ouest du mont Robson**

À 3 954 mètres, ce sommet coiffé d'une calotte glaciaire est continuellement enveloppé dans les nuages qu'il génère. Ce monolithe est la plus haute montagne des Rocheuses canadiennes. À ce point de la vallée de la rivière Fraser, il laisse voir presque 3 000 mètres de son imposante stature. «Le monarque» fut pour la première fois vaincu en 1913 par des alpinistes du Club alpin du Canada conduits par le guide autrichien, Conrad Kain.

Randonnée en pays sauvage

Si vous voulez attirer l'attention des résidants de Jasper, comparez leur parc à celui de Banff. Cette rivalité est historique. Le parc national de Banff était une œuvre du Canadien Pacifique, complétée en 1885, et le parc national de Jasper, alors simple halte où s'arrêtaient trappeurs, naturalistes et prospecteurs, était situé sur le circuit nord concurrent. Quand cette ligne fut achevée en 1914, la popularité de Banff et le potentiel touristique de Jasper — entre autres, le plus haut sommet des Rocheuses canadiennes, le mont Robson avec ses 3 954 mètres, sis juste au-delà du col de Yellowhead en Colombie-Britannique — étaient incontestables. Le parc national de Jasper a été créé en 1907, avec l'arrivée du chemin de fer au col de Yellowhead. Cependant, le Canadien National, qui se débattait toujours pour survivre, fut lent à commencer la ligne de chemins de fer dans le parc. En 1922, il inaugura la première auberge, Jasper Park Lodge, un endroit nettement plus tranquille que le Banff Springs.

Le calme de Jasper émane des grands espaces de son environnement. Éloigné des grands centres peuplés, le site de Jasper se trouve à 362 kilomètres d'Edmonton, 412 kilomètres de Calgary et 805 kilomètres de Vancouver. L'aéroport commercial le plus proche est celui de Hinton, situé à 76 kilomètres vers l'est. Banff est à 287 kilomètres au sud. Jasper, ville de 4 500 habitants, est entourée par les 10 878 kilomètres^2 du parc national de Jasper, le plus grand parc des Rocheuses canadiennes. Au nord, s'étendent les 4 597 kilomètres^2 du parc Willmore Wilderness, à l'ouest, les 2 198 kilomètres^2 du parc provincial du mont Robson et au sud, le parc national de Banff avec ses 6641 kilomètres^2.

Vous découvrez ici la vraie vie sauvage, entrez-y ou explorez l'orée de ses forêts centenaires. Les sentiers qui sillonnent cette vaste solitude se prêtent à toutes sortes d'excursions : des randonnées de quelques jours à des semaines dans l'arrière-pays, des promenades équestres, des montagnes à escalader et des glaciers à parcourir. Vous pouvez emprunter la route pour vous rendre au canyon et au lac Maligne, aux prés alpins au pied du mont Edith Cavell, aux sources thermales Miette Hot Springs, les plus chaudes des Rocheuses, et jusqu'à la Promenade des Champs de glace. Le parc offre aussi des lacs à profusion pour y pratiquer le canoë, le kayak et la descente d'eau vive en radeau, des pistes de ski alpin à Marmot Basin et, partout, d'excellents sentiers de ski de fond ou de ski de randonnée.

Un téléphérique au-dessus de Jasper amène les visiteurs sur le mont The Whistlers à la découverte d'une vue panoramique et, peut-être, à la rencontre d'un lagopède (ptarmigan, en anglais) presque apprivoisé. Ici, où que vous alliez, vous verrez la vie à l'état sauvage. En été, les ornithologues amateurs trouvent une symphonie d'espèces, depuis les zones alpines jusqu'aux riches terres humides boréales de la rivière Athabasca inférieure. Ce parc contient l'éventail complet des mammifères des montagnes Rocheuses, y compris le caribou des bois menacé d'extinction. Leurs transhumances saisonnières s'effectuent sur de longues distances et traversent la route Maligne Valley Road. En été, ils paissent dans les prés alpins et l'hiver, ils trouvent nourriture et sécurité sous le couvert des immenses forêts. Malheureusement, à l'instar des caribous, ces forêts disparaissent peu à peu. Seuls les parcs aussi vastes que Jasper peuvent encore leur donner refuge.

À droite: **Partie de golf à Jasper Park Lodge**

Sur cette téléphotographie, le mont Edith Cavell domine le terrain de golf du Jasper Park Lodge, un somptueux Hôtel construit dans les années vingt. Bing Crosby a gagné le championnat de golf ici en 1947. Les golfeurs d'aujourd'hui partagent l'air pur et le parcours gazonné avec le wapiti, la bernache du Canada et l'ours noir.

Ville de Jasper

Les boutiques, les restaurants et la gare de Via Rail bordent Connaught Drive, la rue principale et animée de la ville. Les sommets calcaireux du mont Hawk (2 545 mètres) et du mont Colin (2 697 mètres) dominent le paysage vers l'est.

Lac Pyramid

À seulement 8 kilomètres à l'ouest de Jasper, le seul lac du parc où les hors-bord sont autorisés, devient, pendant la saison estivale, un terrain de jeu vert émeraude dont profitent tant les résidants que les touristes. Le grès précambrien rouge oranger mis à jour sur le mont Pyramid, (2 766 mètres), fait de ce gracieux sommet un point de repère de la région et le distingue des pics gris pâle du chaînon Front situé au-delà de la vallée Athabasca.

Au verso: **Croisière sur le lac Maligne**

Un bateau de croisière quitte le célèbre port de Spirit Island, situé aux deux tiers du plus grand lac des Rocheuses canadiennes (22 kilomètres de long). Les sommets couverts de calottes glaciaires et dominés par le mont Brazeau (3 525 mètres) se dressent à l'extrémité sud de la partie supérieure de ce lac.

Crépuscule à Jasper Park Lodge

Havre de tranquillité accueillante depuis 1922, l'auberge serpente le long de la rive est du lac Beauvert. À l'horizon, le visage d'un vieil homme endormi pour l'éternité se profile sur la Roche Bonhomme (2 460 mètres).

À droite: **Auberge Jasper Park Lodge et Vallée de la rivière Athabasca**

Cette vue aérienne incomparable explique le choix du Canadien National de ce site pour l'emplacement d'un centre de villégiature composé de bungalows, pour rivaliser avec les grands hôtels du Canadien Pacifique à Banff et au lac Louise. Les bassins naturels du lac Beauvert et les marmites de géants environnantes ont été formés avec la fonte d'énormes blocs de glace enfouis dans le sillage limoneux des glaciers qui se retiraient.

Caribou des bois

Le caribou des bois (woodland cariboo) peut être observé dans son aire hivernale forestière près du lac Maligne et dans la région des ruisseaux Beauty et Jonas, le long de la Promenade des Champs de glace. Les lichens, humbles plantes de croissance lente, constituent la base de leur alimentation, surtout en hiver.

Pygargue à tête blanche

Malgré son allure noble, le pygargue à tête blanche (bald eagle, en anglais) est un charognard printanier qui dispute aux coyotes et aux corbeaux les carcasses d'animaux morts pendant l'hiver ou délaissés par les loups. Quelques couples nichent près de grands lacs et de marais. Plus répandu, l'aigle royal (golden eagle, en anglais) chasse les petits mammifères dans les zones alpines.

PARC NATIONAL YOHO

«Les Cris utilisent le mot Yoho pour exprimer l'émerveillement et l'étonnement.»

Auberge du lac Emerald

Aménagé en simple terrain de camping par le Canadien Pacifique en 1902, le dernier chalet construit a été embelli et rénové en 1986. Cet endroit respire la paix. Le mont Burgess (2 583 mètres) qui se dresse derrière l'auberge, renferme les sites argileux de Burgess, dont les lits fossilifères ont une renommée mondiale.

À gauche: **Lac O'Hara**

Vu des bords du plateau Opabin, ce magnifique panorama se blottit contre la ligne de partage des eaux, de l'autre côté du lac Louise. Avec un superbe réseau de sentiers habilement dessiné sur 80 kilomètres, cet endroit constitue un paradis de la randonnée pédestre. L'auberge et les campings du lac O'Hara sont souvent bondés de vacanciers qui, tels des pèlerins, reviennent année après année.

Sublime et unique

Yoho est le nom tout désigné pour ce parc montagneux de 1 313 kilomètres², situé sur le versant ouest de la ligne de partage des eaux – ce mot serait une exclamation d'émerveillement et de stupéfaction en langue cris.

C'est ce que William Van Horne, du Canadien Pacifique, a probablement ressenti lorsqu'il a baptisé cet endroit en 1866. Il a été surpris autant par la chute Takakkaw haute de 378 mètres que par la chance qu'il avait de la voir si près du tracé du nouveau chemin de fer. De plus, dans une vallée avoisinante, il y avait le lac Emerald, un joyau alimenté par des eaux de glaciers et serti dans l'écrin de forêts luxuriantes du versant ouest. Tout autour, se dressaient de hautes montagnes dont le mont Stephen de 3 199 mètres, alors considéré comme le point culminant des Rocheuses. Comme dans le cas de Banff, sœur orientale de Yoho, il trouverait ici un autre site magnifique pour y bâtir un hôtel de montagne et l'accompagner d'un parc national. Cette même année, l'auberge Mount Stephen House fut construite et un refuge de 16 kilomètres² fut établi; Yoho devint parc national en 1911.

Cependant, la chance de Van Horne fut assombrie par le problème technique que posait le col Kicking Horse. L'escarpement de «la grosse colline» était tel que les déraillements devenaient une perpétuelle hantise; remettre les trains sur rails demandait au moins quatres locomotives; de plus, la ville de Field devait voir à leur entretien. Il a fallu vingt-quatre années et un miracle d'ingénierie pour contourner cet obstacle. En 1909, les deux tunnels en spirale qui serpentent à travers 1 900 mètres de roc jusqu'au fond de la vallée furent terminés.

L'été même ou les passagers du train descendaient pour la première fois l'un des versants de la vallée du Kicking Horse, Charles Walcott, du Smithsonian Institute, était tout excité par ce qu'il venait de trouver dans les montagnes situées à l'opposite. Dans une formation argileuse, connue maintenant sous le nom de Burgess Shale, il venait de dégager de très curieux fossiles datant de 530 millions d'années — d'étranges créatures jamais découvertes ailleurs, merveilleusement détaillées et intactes. De récentes analyses de ces fossiles uniques au monde ont ébranlé les connaissances scientifiques et philosophiques. Parfaitement conservés par la couche de boue qui les a fortuitement recouverts, ces manuscrits du Cambrien révèlent que l'évolution serait beaucoup plus accidentelle que ce que l'on croit.

Cette découverte n'aurait probablement pas surpris James Hector, un jeune géologue de l'expédition britannique Palliser, qui a visité ce parc en 1858. Victime d'une ruade de cheval, Hector fut assommé par un coup de sabot dans la poitrine. Considéré comme mort par ses guides amérindiens, Hector se réveilla au moment où ces derniers s'apprêtaient à l'enterrer. Yoho!

À droite: **Pont naturel, mont Stephen**

Ce torrent était autrefois une vraie chute. Aujourd'hui, la rivière Kicking Horse, qui charrie sa masse granuleuse de limon glaciaire, s'est creusée un chemin plus direct dans une strate tendre du barrage de calcaire entravant son cours. Un jour, ce sera là un canyon.

Mont Stephen

Culminant à 3 199 mètres au-dessus du niveau de la mer, à plus de 1 900 mètres directement au-dessus de la vallée de la rivière Kicking Horse, ce pic imposant était autrefois dans le fond d'un ancien océan. La découverte de trilobites datant de 500 millions d'années, dans un lit fossilifère à mi-chemin vers le sommet de cette montagne, en 1877, a mené à la découverte des fameux fossiles du Burgess Shale, de l'autre côté de la vallée.

À gauche: **Lac Emerald**

En 1882, alors qu'il recherchait des chevaux égarés, Tom Wilson, un employé du chemin de fer, a découvert ce joyau solitaire au pied du mont Michael Peak (2 696 mètres) et du chaînon President. Ce lac n'a porté le nom d'Emerald qu'en 1884, car quelques mois auparavant, l'heureux cow-boy avait découvert le lac Louise qu'il avait baptisé lac Emerald.

Ours noir, en juin

Bien que les ours mangent n'importe quoi, du wapiti aux fourmis ou aux restes de pizza si l'occasion se présente, leur alimentation est végétale à 90 p. 100. Les baies qu'ils cueillent représentent leur principale nourriture. On les voit le plus souvent au printemps, alors qu'ils se nourrissent de jeunes pousses vertes et de bourgeons à fleurs dans les clairières en bordure de la route, dans les prés et sur les versants déboisés par les avalanches. L'ours brun (grizzly) fréquente aussi ces habitats, déterrant les racines avec leurs longues griffes acérées.

À gauche: Empreinte de griffes d'ours sur un tremble

Les ours noirs, surtout les oursons et les jeunes, grimpent sur les trembles en cas d'alerte — et peut-être simplement pour observer les environs. Ils possèdent des griffes courtes et très courbées, adaptées à l'escalade, alors que les ours bruns ne grimpent aux arbres qu'à l'aide des branches. Ne pouvant compter sur la sécurité offerte par les arbres, l'ours brun prend l'autodéfense plus au sérieux que son cousin de la forêt.

Chute Takakkaw

Takakkaw, mot de la langue cris signifiant «c'est magnifique», fut très bien choisi pour cette chute de 378 mètres, une des plus hautes chutes du Canada. Au début de l'été, ses trombes d'eau mugissantes rebondissent avec fracas en un nuage de gouttelettes irisé d'arcs-en-ciel. Certaines peuplades amérindiennes croyaient que l'arc-en-ciel avait des pouvoirs curatifs.

À droite: **Chèvre-de-montagne**

Les chèvres-de-montagnes (mountain goat, en anglais) peuvent souvent être observées sur les escarpements des vallées Yoho et Kicking Horse. Elles survivent aux hivers sur ces pentes hostiles en broutant tout ce qui peut être mâché, depuis les brindilles jusqu'aux lichens saxicoles. Bien que ces versants abrupts offrent un abri contre les prédateurs, elles sont parfois victimes des avalanches et des éboulements.

Champ de glace Wapta

Ayant raté la dernière ère glaciaire, un champ de glace de montagne est, de ce côté-ci de l'Arctique, le plus près qu'on peut venir pour en voir une. En effet, les glaciers sont les vestiges des mers de glace qui submergeaient autrefois les Rocheuses, n'en laissant poindre que les sommets, telles des îles dans le courant d'un océan solidifié. De nos jours, ils ont reculé jusqu'aux derniers endroits où le froid et la neige leur permettent de se maintenir. Les changements de climat de la planète se mesurent par leur régression et leur progression.

À gauche: **Source de la chute Takakkaw**

Cette vue aérienne montre le glacier Daly, une langue du champ de glace Waputik qui chevauche la ligne de partage des eaux depuis cet endroit jusqu'au lac Hector, dans le parc national de Banff. En hiver, d'intrépides alpinistes escaladent la chute gelée.

PARC NATIONAL DU KOOTENAY

«L'idée de ce parc a pris naissance avec de bouillonnantes sources chaudes.»

Chaînon Mitchell

Chaque printemps, la rivière Kootenay en crue se répand en une myriade d'étangs et de bras morts tout au long de ses méandres qui, par des soirées comme celle-ci, attirent les wapitis, les cerfs de Virginie, les ours noirs et les loups.

À gauche: **Traces d'avalanches sur les versants verdoyants**

En hiver, les avalanches qui dévalent frénétiquement ces versants sont tout à la fois destructives et régénératrices. Tout au long de leurs coulées, elles créent un nouvel écosystème dont les prés ensoleillés, les étendues d'arbustes et l'orée des bois sont l'habitat de nombreuses espèces de plantes et d'animaux. L'ours noir, l'ours brun, le wapiti, l'orignal et même le colibri fourragent ici au début de l'été.

Sur le chemin du paradis

Ici comme à Banff, l'idée d'un parc national a pris naissance avec de bouillonnantes sources chaudes. Dans la vallée du fleuve Columbia, à l'extrémité sud du parc, les sources chaudes Radium, à 38° C, couvrent de buée les parois rouges du canyon Sinclair. Elles attirent aujourd'hui 350 000 baigneurs par année; en 1910, elles étaient isolées et pratiquement désertes. Cette année-là cependant, des hommes d'affaires locaux firent pression sur les gouvernements de la Colombie-Britannique et du Canada pour qu'une route soit construite entre Banff et Windermere, en passant par leur vallée. Les deux gouvernements acceptèrent. En 1916, le tronçon du fédéral, de Banff au col du Vermillon, était terminé, mais la province manquait de fonds pour construire sa section qui lui était dévolue. Un marché fut donc conclu; en échange d'un parc de 16 kilomètres de largeur tout le long de la route, incluant les sources chaudes, le gouvernement canadien terminerait la route. C'est ainsi que le parc national du Kootenay fut fondé en 1920 et la route, inaugurée en 1923.

Pour de nombreux Calgariens qui se rendent à leur maison de campagne dans la vallée Columbia, les 1 406 kilomètres² du parc national du Kootenay ne représentent qu'une jolie toile de fond le long d'un trajet franchi à la hâte. Beaucoup d'Américains qui empruntent la route 93 vers le nord, manifestent un certain intérêt pour le parc, mais tout simplement parce qu'il se trouve sur le chemin vers Banff et les fameuses Rocheuses. La route suit un parcours facile au-dessus de la ligne de partage des eaux, par le col du Vermilion à 1 651 mètres d'altitude, puis redescend au sud dans la vallée des rivières Vermilion et Kootenay. Ce sont les glaciers de l'ère glaciaire qui ont creusé et élargi ces longues vallées, la route que les autochtones ont utilisée de génération en génération, et qu'a suivie James Hector de l'Expédition Palliser en 1858.

Mais là où, à l'instar des glaciers, James Hector utilisait le fond de la vallée Kootenay pour se rendre vers le sud, la route gravit abruptement vers l'ouest, franchit le col du Sinclair et passe par les sources chaudes du canyon.

Né comme parc routier, Kootenay offre une multitude de points d'intérêt tout au long de la route. Au col du Vermilion, le sentier d'interprétation du brûlis explique comment l'incendie dévastateur de 1968 a donné naissance à une nouvelle forêt dans cette région. Au cours d'une excursion d'une journée, il est possible d'aller au-delà la ligne supérieure des arbres jusqu'au glacier Stanley. Plus à l'ouest, de courts sentiers longent le canyon Marble, vraiment strié de marbre, et mènent aux étangs Paint Pots, véritables pots de peinture pour les Amérindiens Kootenay qui en utilisaient la terre rouge pour se peindre le corps. Un belvédère permet d'observer les animaux qui fréquentent assidûment un dépôt salin réparti des deux côtés de la route et un pâturage au fond de la vallée. Juin est le mois des ours noirs.

La route offre aussi de magnifiques paysages, particulièrement dans la vallée de la rivière Vermilion. Au sud-ouest, avec ses 3 618 mètres, le mont Assiniboine, qui est aux Rocheuses ce que le Cervin est aux Alpes, domine le parc provincial du mont Assiniboine, situé entre les parcs nationaux du Kootenay et de Banff. À l'est, au-delà des vallées, se dessine le Rock Wall, l'attraction la plus monumentale du parc. Ce gigantesque escarpement calcaire mesure 40 kilomètres de long et 900 mètres de haut. Un des plus beaux sentiers des Rocheuses longe la base du Rock Wall, passe par le lac Floe, le col du Numa et le glacier Tumbling; puis, si le cœur vous en dit, la chute Helmet et le parc national Yoho. Kootenay n'est qu'une route, mais ses sentiers mènent partout.

À gauche: **Canyon Marble**

Le ruisseau Tokumm s'écoule, comme il le fait depuis 8 000 ans, érodant un canyon de 36 mètres de profondeur dans les couches de calcaire. Son action est plus rapide au printemps, alors qu'il s'engouffre entre les parois, chargé de limon glaciaire sableux. En ce jour de septembre, l'eau est paresseuse et claire, la lame indolente mais impitoyable.

Coyote chasseur

Après avoir patiemment attendu dans l'herbe la sortie d'une souris, cette femelle coyote bondit sur le prochain repas de ses petits, terrés non loin de là. Les coyotes sont des chasseurs opportunistes et des charognards, surtout en hiver, mais les petits rongeurs constituent la base de leur alimentation. La bordure de la route offre les meilleurs terrains de chasse.

—————

À gauche: **Chouette lapone**

Le regard perçant de cette chouette, recluse dans les forêts du nord, ne se croiserait probablement jamais si elle n'était pas ce chasseur diurne très peu farouche. Cet énorme oiseau (jusqu'à 83 cm de long) est le plus gros hibou nord-américain en volume qu'il doit, toutefois, à son épais manteau couvert de plumes. La chouette lapone (great gray owl, en anglais) démontre sa force pendant la chasse, quand, tel un félin ailé, elle s'abat sur les rongeurs.

Faille Redwall, canyon du Sinclair

Saupoudrés de neige fraîche, ces remarquables escarpements sont encore plus impressionnants. Ce mur témoigne d'une importante faille à la base des Rocheuses. La chaleur infernale de la friction sous-jacente a cuit la rouille dans les rochers. En aval du canyon, cette même chaleur des profondeurs réchauffe les baigneurs aux sources chaudes Radium.

À gauche: **Rivière Vermilion, au ruisseau Numa**

Cette vallée est située tout juste à l'ouest de la ligne de partage des eaux et déjà, le versant du Pacifique jouit d'une forêt plus luxuriante. Ici, coule l'une des innombrables sources du Columbia, et ce qui la distingue des autres grandes lignes de partage de ce grand fleuve, c'est que ses forêts vieilliront à l'état naturel dans un parc national.

Lis des montagnes, vallée de la rivière Kootenay

Poussant dans les forêts clairsemées de la vallée et dans les prés, l'éclatant *Lilium montanum* fleurit en juin. Cette fleur est souvent confondue avec le Lis tigré ou Martagon, dont les fleurs sont orientées vers le bas.

———

À droite: **Un wapiti daguet**

La ramure qu'arbore ce wapiti mâle âgé d'un an, tombera à l'automne. L'année prochaine, s'il survit, ses nouveaux bois seront deux fois plus longs et ornés (habituellement) de cinq pointes.

CONTRÉE DU KANANASKIS

«Seules, les Rocheuses pouvaient recéler, si longtemps ignoré, un tel domaine récréatif.»

Crépuscule sur le chaînon Opal, parc provincial Peter Lougheed

Au crépuscule froid et serein de cette journée de décembre, des cristaux de glace miroitent dans le ciel. De longues pistes de ski de fond serpentent les forêts au creux de la vallée.

À gauche: **Mont Elpoca, col du Highwood**

Ce mur de calcaire de 3 029 mètres domine le côté nord du col Highwood, dans le parc provincial Peter Lougheed. Il prolonge le chaînon Front, au ton gris pâle, aussi visible à l'est des villes de Banff et de Jasper. Ces pentes abruptes balayées par le vent constituent la principale aire d'hivernage des mouflons d'Amérique. Elpoca tire son nom de son emplacement entre les sources de la rivière Elbow et du ruisseau Pocatera.

Un paradis pour tous

Seules, les majestueuses Rocheuses canadiennes pouvaient recéler, si longtemps ignoré, ce domaine récréatif de 4 000 kilomètres2 qu'est la région du Kananaskis. Jusqu'à 1978, cette contrée était pratiquement inconnue de la plupart des Albertains et des millions de visiteurs qui le longeaient en voiture, sur leur chemin entre Calgary et Banff. Cette année-là, avec le boom pétrolier de l'Alberta à son point culminant et des parcs nationaux de plus en plus fréquentés, le gouvernement de l'Alberta a commencé à développer le parc provincial du Kananaskis pour en faire une nouvelle contrée à découvrir. Les pétrodollars des Fonds du patrimoine de la province ont permis de construire un éventail complet des meilleures installations possibles (entre autres, des sentiers, des étangs de pêche et une auberge destinée aux personnes handicapées) dans le parc provincial du Kananaskis et dans les trois parcs provinciaux – Bow Valley, Peter Lougheed et Bragg Creek.

Une randonnée sur l'autoroute 40, dont la jonction se trouve sur la Transcanadienne à 83 kilomètres à l'ouest de Calgary, donne une bonne idée du parc provincial du Kananaskis. La route longe tout d'abord la rivière Kananaskis, passe le lac Barrier et arrive au village de Kananaskis qui abrite trois hôtels, une auberge, un superbe terrain de golf, un terrain pour les véhicules récréatifs, plus de 1 000 kilomètres de sentiers, destinés aux vélos, à la marche, à l'équitation et au ski de fond, ainsi que Nakiska, site des épreuves de ski alpin pendant les jeux olympiques d'hiver de 1988. Le Centre nordique olympique se situe près de Canmore, à l'extrémité nord de la contrée Kananaskis.

Plus au sud, les 508 kilomètres2 du parc provincial Peter Lougheed est un paradis pour les campeurs, les excursionnistes et les canoéistes. Les sombres sommets de la ligne de partage des eaux, couverts de neige et dominés par les 3 183 mètres du mont Petain, traversent l'horizon dans sa partie occidentale; au sud, le col Elk et le parc provincial des lacs Elk se trouvent en Colombie-Britannique; et vers l'est, se dressent les blocs de calcaire verticaux et les pics pyramidaux du chaînon Opal (3 000 mètres). Ces pics blafards se rapprochent à mesure qu'on gravit les 2206 mètres du col Highwood par la plus haute route pavée du Canada. Un sentier aménagé sur deux kilomètres permet d'explorer les prés subalpins du sommet sans les piétiner. Les cinq kilomètres du sentier du cirque Ptarmigan grimpent jusqu'à la zone alpine. (Cette aire d'hivernage étant vitale pour les mouflons et les wapitis, le col est est fermé de décembre à la mi-juin.) Sur l'autre versant du col, la route suit la rivière Highwood, longeant de magnifiques contreforts couverts de trembles et certains des plus vieux ranchs des montagnes albertaines, jusqu'à la ville Longview.

Ce n'est là qu'un aperçu du parc provincial du Kananaskis. Plus au nord, la froide et haute contrée du col Smith-Dorien et les lacs Spray bordent le parc national de Banff au-dessus de Canmore. Au sud, la région d'Elbow-Sheep ressemble beaucoup plus à un «pays de cow-boys», entrecoupée de collines et de forêts. Centre récréatif immense et diversifié, le parc provincial du Kananaskis est certainement le meilleur investissement qu'a réalisé l'Alberta lors de son boom pétrolier.

À droite: **Lac Spillway, parc provincial Peter Lougheed**

Ce lac n'est troublé que par les plongeons et les balbuzards qui pêchent dans ses eaux calmes. Le chaînon Opal fut baptisé par le géologue George Dawson en 1884 lorsqu'il trouva une fine couche d'opale translucide sur certaines parties de ses sommets calcaireux.

Monts Three Sisters

Le parc provincial du Kananaskis borde le parc national de Banff et commence juste au-dessus de Canmore, où ce célèbre trio se dresse. Les trois monts ont à peu près la même hauteur, mais le pic le plus à droite domine avec ses 2 936 mètres. Jusqu'en 1911, cette région faisait partie du parc national des Montagnes Rocheuses.

Le village de Kananaskis, le terrain de golf et la vallée

Cette vue aérienne orientée vers le sud-ouest explique le succès de ce nouveau centre récréatif de montagne. Le terrain de golf de 36 trous du parc provincial du Kananaskis s'étend entre l'autoroute 40 et la rivière Kananaskis. À une altitude de 1 478 mètres, les golfeurs exagèrent leur drive de près de 10 p. 100 et passent par-delà les obstacles de sable d'un blanc caractéristique. Des sentiers destinés aux vélos relient le parc de véhicules récréatifs du Mont Kidd, situé dans les forêts à l'extrémité sud du terrain de golf, au village de Kananaskis, construit sur un plateau au pied du mont Kidd qui culmine à 2 958 mètres. À l'horizon, les 3 054 mètres du mont Chester, du chaînon Kananaskis, dominent les pentes de ski du mont Fortress.

Parc National Waterton

«Le plus petit parc des Rocheuses mais aussi celui qui possède la plus grande diversité biologique.»

Canyon Red Rock

Ce canyon de la vallée supérieure du Blakiston érode une couche multicolore d'argilite oxydée, ancienne argile schisteuse métamorphosée. Des récifs fossilifères contenant des stromatolites, une algue bleu-vert de 1,5 milliard d'années, l'une des plus vieilles formes de vie sur la planète, se retrouvent ici. Un sentier de vingt minutes forme une boucle autour du canyon.

À gauche: **Bateau international de croisière dans la baie Emerald**

Fondée en 1911, la ville de Waterton est érigée dans le delta du ruisseau Cameron sur le lac Upper Waterton. L'extrémité sud de ce plus profond lac des Rocheuses canadiennes (135 mètres) se trouve dans le parc américain Glacier National Park, au Montana.

L'endroit où les montagnes rencontrent les prairies

Le plus petit parc national des Rocheuses canadiennes tire son nom des lacs Waterton, baptisés du nom d'un explorateur britannique excentrique qui ne les a jamais vus. Naturaliste passionné, Charles Waterton aurait aimé ce parc qui, dans les Rocheuses, possède la plus grande concentration de diversités biologiques. Ses 525 kilomètres^2 jouissent de 25 différents types d'habitats, plus de 900 espèces de plantes (dont 111 des plus rares de l'Alberta et certaines qu'on ne trouve nulle part ailleurs au Canada), plus de 300 espèces d'animaux sauvages terrestres et 25 espèces de poissons. L'abrupte barrière écologique qui existe ici explique cette merveilleuse variété : «l'endroit où les montagnes rencontrent les prairies»; c'est aussi là où les espèces des prairies rencontrent les espèces des montagnes, et où le bison rencontre le mouflon.

En fait, ce sont les montagnes qui sont venues aux prés. À l'époque de la formation des Rocheuses, la collision des plaques tectoniques à l'ouest a déformé la fragile croûte sédimentaire du continent et poussé celle-ci vers l'est. Les blocs de rochers au-dessus de Banff ont été déplacés sur 250 kilomètres et ainsi ridé les plaques inclinées des contreforts sur leur passage. Cependant, à Waterton, une immense strate de l'époque précambrienne vieille de 1,5 milliard d'années — le Lewis Overthrust — a glissé vers l'est sur une distance de 40 kilomètres *par-dessus* une strate sédimentaire datant de 60 millions d'années. Le bord de cette couche de roc correspond maintenant à une muraille montagneuse dont les formes actuelles ont été sculptées par 50 millions d'années d'érosion et deux millions d'années de glaciations périodiques au cours de l'ère glaciaire.

Cette topographie a donné naissance à des écosystèmes diversifiés. La végétation varie selon l'élévation des montagnes, l'ensoleillement des versants sud et l'ombre des versants nord, l'érosion, les cours d'eau et les étangs. Mais à Waterton, les prairies font plus que rencontrer les montagnes, elles les escaladent. Bien que cette région reçoive plus de pluie qu'il n'en faut pour abreuver ses forêts, les célèbres vents de Waterton assèchent constamment le sol et permettent aux prairies de couvrir une grande partie du parc. En été, les vents sont canalisés à travers le bassin des lacs Waterton et le vent chaud qu'est le chinook franchit la crête des Rocheuses, faisant fondre la neige de l'hiver écoulé. Pendant des milliers d'années, ces vents ont fait de cette région un précieux pâturage où les autochtones venaient chasser le bison. Un campement vieux de près de 8 400 ans a été découvert dans le canyon Red Rock.

Bien que petit, le Parc national des Lacs-Waterton borde le Glacier National Park, parc américain situé dans le Montana. Des bateaux de croisières internationales ont commencé à naviguer sur le lac en 1927, année où le célèbre hôtel Prince of Wales a été construit. Depuis 1932, les deux parcs ont été réunis pour former le parc international de la paix Waterton-Glacier. Ce parc, le premier en son genre dans le monde, permettait le libre échange d'ours bruns, bien avant que soit signé le traité de libre-échange commercial entre les deux pays. En 1979, les Nations unies ont déclaré que cet écosystème unique, y compris les montagnes et les forêts adjacentes, formaient l'une des 120 réserves de la biosphère mondiale. Puisqu'il est admis qu'aucun parc n'est une île écologique, la réussite de la gestion collective de ce «joyau du continent» révélera beaucoup sur les perspectives d'avenir de tous nos parcs nationaux.

Là où les prairies rencontrent les montagnes

En 1800, on estimait à 60 millions la population de bisons sur les Grandes Plaines. En 1890, après les grandes chasses, ces mammifères avaient pratiquement disparu. Voici l'un des petits troupeaux protégés par les parcs nationaux.

Au verso: **Les lacs Waterton**

Le soleil d'après-midi éclaire la région entre les lacs Upper et Middle Waterton. L'aventurier «Kootenay» Brown a découvert ce paysage en 1865. Il est revenu s'y installer en 1879. L'amour qu'il vouait à cette étendue de pays a donné naissance ici-même, en 1895, à une réserve de 140 kilomètres^2 et, en 1911, au parc Waterton Lakes Dominion. Le célèbre hôtel Prince of Wales, construit par la Great Northern Railway et faisant partie de l'infrastructure touristique Glacier National Park, a ouvert ses portes en 1927.

Lac Cameron

Sur ce lac international, les canoéistes peuvent observer en toute sécurité les ours bruns (grizzlys) sur les coulées d'avalanches du mont Custer (2 707 mètres), dans le Glacier National Park. Le col South Kootenay (Akamina), une ancienne voie empruntée par les autochtones, contourne ce sommet et descend en Colombie-Britannique. Les Amérindiens Kootenayans l'empruntaient pour se rendre à leurs terrains de chasse au bison dans les prairies. Le lieutenant Thomas Blakiston de l'Expédition britannique Palliser a suivi ce trajet et découvert les lacs Waterton en 1858.